Escritos

# PÁGINAS DE DIREITO

# II

*O ÓNUS DA ARGUIÇÃO*

ORLANDO DE CARVALHO

Escritos

# PÁGINAS DE DIREITO
# II

*O ÓNUS DA ARGUIÇÃO*

LIVRARIA ALMEDINA
COIMBRA – 1998

| | |
|---|---|
| *TÍTULO:* | ESCRITOS<br>PÁGINAS DE DIREITO II |
| *AUTOR:* | ORLANDO DE CARVALHO |
| *EDITOR:* | LIVRARIA ALMEDINA – COIMBRA |
| *DISTRIBUIDORES:* | LIVRARIA ALMEDINA<br>ARCO DE ALMEDINA, 15<br>TELEF. (039) 851900<br>FAX (039) 851901<br>3000 COIMBRA – PORTUGAL<br><br>LIVRARIA ALMEDINA – PORTO<br>R. DE CEUTA, 79<br>TELEF. (02) 2059773/2059783<br>FAX (02) 2026510<br>4050 PORTO – PORTUGAL<br><br>EDIÇÕES GLOBO, LDA.<br>R. S. FILIPE NERY, 37-A (AO RATO)<br>TELEF. (01) 3857619<br>1250 LISBOA – PORTUGAL |
| *EXECUÇÃO GRÁFICA:* | G.C. – GRÁFICA DE COIMBRA, LDA.<br><br>DEZEMBRO, 1998 |
| *DEPÓSITO LEGAL:* | 130097/98 |
| | Toda a reprodução desta obra, por fotocópia ou outro qualquer processo, sem prévia autorização escrita do Editor, é ilícita e passível de procedimento judicial contra o infractor |

Sopra lor vanità che par persona

DANTE, *Divina Commedia, Inferno*, VI, 36

# ADVERTÊNCIA

Não pensava ocupar-me uma vez mais com o A. de uma pagela distribuída entre os Doutores da Faculdade de Direito de Coimbra (e outras pessoas da sua escolha, doutores ou não, de Coimbra ou de fora) e com quem não tenho relações pessoais desde o seu doutoramento em Outubro de 1996. Doutoramento em que foi aprovado com Distinção, *nemine discrepante* (embora sem louvor, *nemine discrepante*).

Mas essa pagela obriga-me a publicar as duas arguições em que intervim em provas do A.: a da sua pós-graduação em 1990 e a do seu doutoramento em 1996. Por elas se verá o que é verdadeiro e falso na contestação do A.. Por elas se verá se as minhas críticas se resumem ao "não me lê", "não me cita", que se repete na pagela. Ou a uma colisão inter-pessoal, como o A. quer deixar transparecer (fácil manobra para desvirtuar o seu carácter estritamente científico...). Mas a pagela entretém-se, a propósito do prefácio "Ao leitor" de **Páginas de Direito I** dos meus **Escritos**, recentemente publicados, e em que o A. não é referido vez alguma, para lá do que às arguições diz respeito, com afirmações totalmente inverídicas:

1.ª – Nunca o professor que fui regeu na Faculdade de Direito de Coimbra cinco disciplinas simultâneas na licenciatura. Regeu, em 1954-55, ainda segundo assistente, **Introdução ao estudo do Direito.** Regeu, de 1968 a 1974, **Teoria geral do Direito Civil** e **Direito das Coisas.** Regeu, de 1974 a 1982, **Direito das Coisas, Direito das Empresas** e a cadeira de opção de **Teoria do Direito e do Estado.** Regeu, de 1982 a 1989, **Teoria geral do Direito Civil** (1 t.), **Direito das Coisas, Direito das Empresas** e **Teoria do Direito e do Estado.** Regeu, de 1989 a 1993, **Teoria geral do Direito Civil** (1 t.), **Direito das Coisas, Direito Comercial II** e **Teoria do Direito.** Regeu, de 1993 a 1997, **Teoria geral do Direito Civil** (1 t.), **Direito das Coisas, Direito Comercial I** e **Teoria do Direito.**

2.ª – Nunca o professor que fui se insurgiu contra quem quer que ousasse contrariá-lo e muito menos fez pressão sobre qualquer assistente. Ordene um referendo aos assistentes que ele teve.

3.ª – Os vícios que aponto à Escola (e não só à Faculdade Direito de Coimbra, ou sequer só à Universidade de Coimbra) podem errar nas estatísticas, mas são cruelmente verdadeiras. Mas não é o Presidente do Conselho Directivo ou mesmo o Presidente do Conselho Científico que pode pôr cobro a elas. Antes, havia uma espécie de núcleo reitor que impunha alguma **sagesse**. Hoje, sobretudo com os júris de especialidade (com que acabei, felizmente), não há **sagesse** que se imponha a qualquer júri.

4.ª – O A. não comenta uma frase de Fernando Pessoa (ortónimo) que cito a p. 9. Porquê? Está errada?

5.ª – O A., que se crê cultíssimo, não sabe que os três metros de altura vêm de um célebre filme de Martin Ritt: **Um homem tem três metros de altura.**

6.ª – Sobre "o único rosto português" de p. 11 do meu "Ao leitor". Não é autismo. É a verdade. Somos tão poucos no País neste domínio! e o próprio A. sabe que nunca tratou da empresa: nem na tese de pós-graduação (tratou da Empresa Pública – reconhece ele), nem na tese de doutoramento – reconheço eu. Além de que, a sério, neste domínio, não creio que Barbosa de Magalhães ou mesmo Ferrer Correia se pretendessem empresarialistas. O Doutor Guilherme de Oliveira, no elogio que me fez no doutoramento solene do Doutor Pinto Monteiro, proclamou-o na sala dos capelos. Dir-me-á o A. (e di-lo na pagela): Só tratou da empresa comercial, não das outras. Mas a Introdução de **Critério e estrutura** não é genérica? Não falo aí da empresa no Direito do Trabalho, na Concorrência desleal, do confronto com o artesanato e as profissões liberais, etc? Não tratei nas **Nótulas**, pela primeira vez neste País, da empresa na Constituição, dos sectores e subsectores da propriedade empresarial, dos perfis da empresa e dos problemas da organização pessoal, real e circunstancial?

7.ª – O A. exagera a sua importância. O meu "Ao leitor", prefácio aos meus **Escritos**, não o elegem como interlocutor e muito menos como agressor ou vítima. Se se reconhece em alguma alusão – nunca cito nomes, excepto para elogio (p. 9) ou para referir os "malignos históricos" ou as minhas preferências mentais (p. 10) – **sibi imputat**... Dirá que "dissimulo". Mas é claro que sou dono das minhas omissões.

8.ª – O A., a p. 14, não sabe que a frase "Não. Não tem a noção da galinhola" vem de **A cidade e as serras**, de Eça de Queiroz, no célebre jantar nos Campos Elíseos. É que os seus pórticos, ao contrário da sua tese de pós-graduação, na sua tese de doutoramento desbordam de sentido. E pior do que a falta de humor é a falta de oportunidade dele...

9.ª – Quanto às lições gravadas de Direito Comercial I, quando assistente da cadeira (e foi-o em 1993-94, antes da publicação da dissertação), o A. só não leu o que não quis ler, pois se refere ao "acreditamento diferencial" (p. 45), à lei tendencial (nota 142), ao direito de disponibilidade simples (nota 857), mas em matéria de interpretação do actual art. 115.º do R.A.U., na p. 311 **in fine**, não soube que a inferência por maioria de razão (**a maiore ad minus**) da desnecessidade de autorização do senhorio na locação de estabelecimento em prédio arrendado, sendo, entretanto, inaplicável, o art. 115.º, 1, era defendida por mim, e só por mim, nas aulas de Direito Comercial II e, depois, de Direito Comercial I. Toda a sua argumentação se baseia na minha ... mas não me leu – e **devia** ter lido. Era assistente da cadeira. Claro que o art. 115.º não é objecto aí de interpretação enunciativa, mas, como eu disse na crítica, de redução teleológica. Foi essa omissão que me feriu particularmente e que assinalei na arguição. Admira-se? Ou acha, como um célebre plagiador da nossa praça, que havia aí uma "citação extensiva"?

10.ª – A referência do "Ao leitor", p. 14, **in fine**, era tanto ou tão pouco contra o A. da pagela quanto na minha arguição escrevi: "Já não falando dos cursos de pós-graduação que dediquei à negociação do estabelecimento em anos repetidos – e que deram origem a **papers** que, frequentes vezes, por não atribuirem o seu a seu dono, eu deixei de propiciar desde 1993, voltando ao Direito das Patentes". O A. sofre de umbiguismo, como alguém dizia: considera-se o centro do mundo.

11.ª – O que o A. diz da nota 864 da sua tese e que invoca na pagela, não é exacto. Mota Pinto, que se doutorou em 1970, não escreveu antes de mim, que no **Critério e estrutura** já defendia a inclusão **naturaliter** no trespasse da cessão da posição contratual. O que não é milagre. A própria lei o dizia, com essa ou outra nomenclatura, desde o Dec.-lei n.º 5411, de 1919. Salvo se não há arrendamento do prédio, caso em que obviamente não existe cessão. Mas do que eu me queixei não foi de me citar aí só em 3.º lugar. Foi de ter-me omitido em sede de locação de estabelecimento, em que a aplicação do art. 115.º do R.A.U. (ou da lei n.º 2.030, ou do art. 1118.º do Código Civil), nos termos que o A. adopta, só eu a fiz e antes de mais ninguém. Desde **Critério e estrutura**, p. 603, ainda que com a argumentação que hoje desenvolvo, afastando o escolho da aplicação analógica, apenas nos cursos de Direito Comercial II e Direito Comercial I. E se o A., reproduzindo-a, não me leu, **devia** ter lido, como já disse. Se a não leu, mas descobriu, é deontológico que quem descobre depois (lei da vida) não descobre e deve referir quem descobriu. De todo o modo devia citar-me e ao longo de toda essa demonstração nunca o fez.

12.ª – É falso que eu desse a ler a arguição a qualquer membro do júri. Prove o que afirma.

13.ª – É falso que o outro arguente, "porventura tocado pelo clima gerado por O. C. (…)", desse certo sentido à sua arguição. Ele levou a arguição escrita – não a preparou, ou alterou, na banca do júri.

14.ª – O A. declara a p. 7 que a partir de certa discussão no bar da Faculdade "pouco falávamos e convivíamos". Mas em 14-7-1996 aceitou o convite que fiz a todos os antigos e novos assistentes para um almoço de confraternização em Santa Marinha do Zêzere.

15.ª – O A. também ataca o outro arguente. Afinal o opúsculo não é contra os meus "despautérios". É contra todos os que o criticaram. O A. revela patentemente que o mundo está contra ele, que a questão não é interpessoal, que o seu ressentimento é universal. Nunca pensou que o problema esteve só na sua obra – na falta de mérito da sua obra? Ser obrigado a frisá-lo (**Amicus Plato...**) é que me foi doloroso, porque o estimei, embora pressentindo que com a sua avidez, a sua falta de meditação, com o seu pendor para glosar o pensamento alheio, com a sua acrimónia em relação a colegas de curso, a colegas de escola, etc., se predispunha ao fracasso... Estimei-o, não ao ponto que supõe – nunca vi no A. um discípulo, ao invés do malogrado Caseiro Alves, mas estimeio-o como estimei os seus Pais e a Senhora Sua Mulher, e por isso a arguição me foi tão dolorosa. Daí o que chama "a carranca dos casos graves". Mas observando desde o início que da crítica não tiraria qualquer consequência negativa da sua prova. E não tirei nem deixei que se tirasse. Para o bem, para o mal? Se houvesse na Escola o mínimo de **sagesse**, não se apresentaria o A., como faz, em veste de defensor da honra de quem quer que seja! Diria Vivante, que também cita: **Difficile est satiram non scribere!**

Coimbra, Novembro 1998

# I

O Lic. Jorge Manuel Coutinho de Abreu licenciou-se em 1978 na Faculdade de Direito da Universidade de Coimbra, na opção de Cências Jurídico-Económicas, com a classificação de Muito Bom com Distinção, com 18 valores. Contratado como assistente estagiário, foi-lhe confiada a regência das aulas práticas de Direito das Empresas, de que sou professor, regência que acumulou com a de outras disciplinas: Introdução ao Estudo do Direito, Direito do Trabalho, Direitos Reais e, mais recentemente, Direito Comercial I. Inscreveu-se no Curso de Pós-Graduação de Ciências Jurídico-Empresariais e é a conclusão desse Curso que se efectua neste momento. Queria, entretanto, salientar o interesse e cuidado que tem posto no exercício das suas funções, bem como os outros estudos que veio dando a lume: **A empresa e o empregador em direito do trabalho**, de 1982, **Do abuso de Direito (Ensaio de um critério em Direito Civil) e as deliberações sociais**, de 1987, **Sobre os regulamentos administrativos e o princípio da legalidade**, de 1987, **Os regulamentos administrativos em direito do trabalho**, de 1987. Estudos que não pecam por defeito, pois os três últimos mobilizam conhecimentos de áreas que só marginalmente têm que ver com a sua pós-graduação (Direito civil, Direito administrativo), mas que revelam, além de um espírito agudo, facilidade de escrita, capacidade de usar e entretecer conhecimentos diversos, capacidade de síntese e de conclusão, embora também (há que reconhecê-lo) algum vezo poligráfico e ligeiro que não abona excessivamente a sua humildade científica.

Como dissertação de pós-graduação, o Sr. Coutinho de Abreu apresenta um estudo sobre **Definição de empresa pública**, de cerca de 250 pp., de escrita fluente, coloquial e de certo risco literário (até pelos "pórticos" oportunos de que se flanqueia), geralmente bem escrita, onde muito poucas vezes encontrámos erros de grafia (salvo uma ou outra gralha). Mas encontrámos alguns: assim o "oraculinamente" de p. 126 (o advérbio forma-se do adjectivo: oracular – oracularmente), a "competividade" da nota 315 (é certo que o A. citava Menezes Cordeiro: mas repetiu-o e não se apercebeu) e o "substracto" de pp. 160, 197, 198 e 247 – substrato ← **sub + stratum** → **estrato** (estrado, camada); não de **stractum** ← **extrahere**). De todo o modo, formalmente é uma obra lograda, ainda que não deva deixar de assinalar-se que a coloquialidade, que é louvável, não deve confundir-se com solecismo: e, já não falando do "matraqueado" de p. 10, que dizer do "porradinhas" da n. 469? Há limites no escrever, Sr. Coutinho de Abreu. Sobretudo ao escrever ciência e não literatura plebeístico – alfacinha como a de Lobo Antunes na nossa praça.

Para lá da linguagem, não encontrámos também, felizmente, muitos daqueles equívocos culturais que nos nossos dias vêm inçando teses de pós-graduação e de doutoramento. Denuncio, porém, um, que me parece grave. A pp. 100 e 159, o A. argumenta contra **tautologias** que o não são. Tautologia vem de **tautos + logos**, ou seja, "o mesmo" + "discurso": repetição inútil de uma mesma ideia em termos diferentes. Se dizer que "empresa pública é a **empresa...**" fosse tautologia, toda a tese do Sr. C.A. era tautológica ou uma tautologia. Pois não é verdade que o A. foge em todo o seu trabalho à problemática da pesquisa de uma ideia de empresa como realidade juridicamente relevante? O que, de resto, confessa a p. 162, a pretexto de que não deve lidar-se com "apriorísticas e genéricas noções de empresa" (o que é uma má desculpa: não lide com noções apriorísticas, mas aposteriorísticas, nem com noções genéricas, mas sim com noções específicas...). Aliás, basta ler-se o seu plano de trabalho, exposto na Introdução, para se ver que é assim. O A. acha que deve perguntar aos economistas o que é empresa; satisfeito ou não com o que se responde, busca o que os juristas estrangeiros dizem de EP e o que dizem os juristas portugueses – o que dizem sobre EP, não sobre Empresa. Ao mesmo tempo, interroga a lei, o EGEP, e, como o EGEP pouco adianta, responde por sua conta e risco com uma ideia *apriori* inconfessada e indiscutida, que redunda, inevitavelmente, em fortuita e gratuita.. Eis ... Valeria mais ter ficado na pura e simples **tautologia**, como o Sr. diz, pois nada há de pior do que definir pelo indefinido, ou seja, do que o círculo vicioso ou dialelo. Com a suficiência, para mais, de quem corta o nó górdio.

Antes, porém, de entrarmos no fundo da questão, deixe-me observar ainda duas coisas:

1) O discurso científico não é neutral, mas não deve converter-se em panfleto, em discurso ideológico. O que é uma questão não tanto de civismo, como de eficácia. Decerto que o A. adverte que o n.º 2 do seu cap. IV é ideológico. Mas anunciar o delito, não o desresponsabiliza dele. Eu sei que tem ilustres precedentes. Só que me parece, no contexto, o seu desafabo desse n.º 2 como incompatível com uma tese de Direito Económico. Nem todos os exemplos são *ad exemplum*.

2) Não é deontologicamente correcto, sobretudo se não se é especialista de certa matéria e mesmo que se tenha tratado exaustivamente um assunto, citar como o faz a n. 238 acerca de "acto administrativo". Ninguém substitui ninguém: e o A. decerto não se considera fonte da teoria do acto administrativo ... Se ainda citasse: "V. os AA. citados em..." **"Habent sua fata libelli"**, como me lembrava uma vez o saudoso Prof. M.A..

3) Não concordo com o que escreve na n. 278 do seu livro, nem a p. 134, **in fine.**

Posto isto, sobre o fundo da sua tese, deixe-me observar que ela seria regularmente admissível se se chamasse "Limites legais da EP no EGEP." E, ainda assim, com alguma correcção: pois, mesmo com esse alcance restrito – limites legais –, haveria que resolver se todos esses limites estão no mesmo grau ou no mesmo plano. Por ex.: se a indicação EP da denominação pode valer tanto como a atribuição de Personalidade Jurídica ou a criação pelo Estado, etc. O que o A. não discute. Ao invés, considera esse elemento nominal a nota decisiva para a destrinça entre EPs e Institutos Públicos!! (p. 244-245). Valha-nos Deus! E se o legislador se esquece e troca? Deixa uma Sociedade Anónima de o ser se a lei ou o RNPC se esquece de a nomear SA? Só por isso? O **corpus** é que obriga ao **nomen**, não ao contrário... – Mas o A. não trata só de limites legais, nem se preocupa só com uma definição legal. Fala continuamente de "substrato empresarial", põe mesmo o problema da arguibilidade judicial da não correspondência entre uma **soi disante** EP e a lei. Discute longamente sobre o carácter económico, sobre os bens, sobre os serviços, sobre os fins, etc. E, contudo, evita continuamente a discussão da realidade da vida (ou da "formação da vida", na fórmula de Gieseke) juridicamente relevante que é a empresa: realidade que não será, como no campo dos negócios, imediatamente relevante, objecto de uma relevância primária imediata – mas que também não é fruto (é óbvio) de uma pura relevância secundária ... A teoria de que o legislador é que manda (exagero do belo diálogo de Lewis Carrol), levada **à outrance**, conduziria a uma total inutilidade do discurso jurídico-científico – e faria inútil a audição, como faz o A., do que pensa a ciência económica ou outra... Mas, se o legislador não constitui **ex nihilo** a EP, qual é o substrato empresarial? Tarefa longa, sem muito apoio nos economistas, mas que o jurista, se o é, não pode iludir. O A., todavia, foge dela – não só por precaução de método como eu fiz com o estabelecimento no **Critério e estrutura** –, mas da própria tarefa em si. E, contudo, ousa o que eu não ousei ao fim de 900 págs: definir EP.. Como? Falando de "organização de meios" "produtora de bens destinados a uma troca propiciadora de receitas que, pelo menos, cubram os custos de produção..." (p. 243: tiro todas as notas não acidentais, ou seja, que não são do substrato empresarial). Mas o que é isso? A organização o que é? E a troca pode ser esporádica, ou puramente marginal ao autoconsumo? E porque têm de cobrir-se despesas com receitas, porquê? Qual a lógica disso? E donde retirou o A. isso? Da noção económica, que reconhecidamente acha insuficiente, ambígua e – o que é pior – tirada do discurso dos economistas, sem análise nenhuma da realidade económica? Mas a Ciência Jurídica ou Económica é uma ciência de inter-definições? Não há realidade antes, após e fora do que se pensa acerca dela? É um puro **universale in mente**? De resto, quanto ao fim de equilíbrio financeiro, contra a ideia de lucro, o A. extrapola da massa dos economistas, baseando-se em ideias apriorísticas, em pré-compreensões (como a da p. 166), pois, se levasse a "viabilidade económica" do art. 21.º do EGEP até ao fim, podia chegar ao lucro. Claro que há as restrições das als. a) e e): mas não poderia explicá-las por uma ideia de prestações ocultas, como eu faço nas **Nótulas**? Ou será porque o A. aí, como em inúmeros pontos, como na eliminação de uma doutrina jurídica da empresa em sede geral (só a admite na EP, **ad hoc**), tem pudor de dialogar com os dados (escassos, decerto, discutíveis, sempre) que conhece dos interlocutores disponíveis, domésticos ou não? Não lhe merecem qualquer cortesia?

Sou menos suficiente do que o A., mas devo dizer que terminei a sua dissertação humilhado e exaltado.

Humilhado como professor e investigador.

Exaltado, porque ninguém pode dizer que em Direito das Empresas há alguma "posição preponderante", ou há algum **timor reverencialis...**

**Ceci tuera cela!** Esse orgulho salvou-me.

Esta confissão, quase íntima, não tira que reconheça ao seu trabalho muita análise aguda, muita argumentação pertinente, muita capacidade – quase excessiva em quem deve usar, diuturnamente, o método histórico-genético-evolutivo, como diria Goldschmidt – muita capacidade de ler as leis, de as interpretar, de delas destilar o possível e o impossível. Sou menos legalista do que o Sr. C. de A. Sou mais substancialista. E não morro por ciência de definições. Nem acredito na sua grande utilidade. Mas respeito-a. É da tradição do **Juristenrecht.**

De resto, a pós-graduação é um **quid minimum**, que o Sr. Abreu preenche e excede. Prepare, porém, se o orgulho lho permite, o **quid medium** ou **maximum** que está à altura dos seus méritos e das suas legítimas ambições.

Coimbra, 14 de Maio de 1990

# II

O Lic. Jorge Manuel Coutinho de Abreu licenciou-se em 1978 na Faculdade de Direito da Universidade de Coimbra, na opção de Ciências Jurídico-Económicas, com a classificação de Muito Bom com Distinção, com 18 valores. Contratado como assistente estagiário, foi-lhe confiada a regência das aulas práticas de Direito dos Empresas, de que eu era professor, regência que acumulou com a de outras disciplinas: Introdução ao Estudo de Direito, Direitos Reais e, mais recentemente, Direito Comercial I, orientada pelo Prof. Vasco Xavier e, finalmente, por mim próprio. Inscreveu-se no curso de pós-graduação de Ciências Jurídico-Empresariais, que concluiu em 1990, com o estudo **Definição de empresa pública,** e que mereceu a mesma classificação de 18 valores. Queria, entretanto, salientar o interesse e cuidado que pôs no exercício das suas funções, bem como outros estudos que veio dando a lume: A **empresa e o empregador em direito do trabalho,** de 1982, **Do abuso de direito (Ensaio de um critério em Direito Civil) e as deliberações sociais,** de 1987, **Sobre os regulamentos administrativos e o princípio da legalidade,** de 1987, e **Os regulamentos administrativos em direito do trabalho,** de 1987. Estudos que não pecam por defeito, pois os três últimos mobilizam conhecimentos de áreas que só marginalmente têm que ver com a sua pós-graduação (Direito civil, Direito administrativo), mas que revelam, além de um espírito agudo, facilidade de escrita, capacidade de usar e entretecer conhecimentos diversos, capacidade de síntese e de conclusão, embora também (há que reconhecê-lo) algum

20 Orlando de Carvalho

vezo para a glosa de ideias alheias que não abona excessivamente a sua **ars inveniendi.**

Em 1994 trouxe à luz a sua dissertação de doutoramento em Direito Comercial – **Da empresarialidade (as empresas no Direito)** e é dela que curamos em este instante.

Tal como previra na apreciação da sua tese de mestrado, o Sr. Coutinho de Abreu, na sua tese de doutoramento, enfrentando o tema da empresa (e já não, como então, só o da empresa pública), continua a incorrer, do meu ponto de vista, num grave equívoco epistemológico e a fazer um esforço, que embora de proporções relativamente discretas, não deixa de ser improfícuo e inconcludente.

O Sr. Coutinho de Abreu desconhece o "corte epistemológico" de Bachelard, ou seja, partilha ainda a ideia de que a ciência é fundamentalmente contemplação desprevenida de um real externo e alheio ao observador. O que, na zona das ciências normativas, como o direito, ou leva à subalternização a qualquer ramo do saber que se entende pré-ordenado ao jurídico – o caso da economia – ou à entrega a uma metodologia de intertextualidade, como se os fenómenos jurídicos fossem uma espécie de luz que nasce da discussão, de **tópoi** pressupostos na retórica ou dialéctica argumentativa que brota das leis, dos operadores, dos intérpretes, dos juizes, dos juristas, em suma, brotando dos seus hábitos, rotinas ou invenções de discurso. Uma estranha hermenêutica, como o saber dos rapsodos, das crenças e tradições populares. O que pode ser muito pós-moderno, mas perfeitamente não fundamentado. E como o contributo da economia, conforme muita gente disse e insistiu (até eu – logo em **Critério e estrutura,** p. 813 ss., especialmente), não é uniforme e, mesmo que o fosse, não era **per se** vinculante, o A. remete-se para essa intertextualidade, interdefinitoriedade ou inter-sugeribilidade que a massa das normas que falam de empresa propicia e cujos resultados mal compensam o esforço ímprobo de ler, confrontar e contrapor sugestões e definições que não adiantam coisa alguma.

Realmente, depois de a p. 10 ss. ter rejeitado o acesso pelo pré-jurídico (ou meta-jurídico, como diz indiscriminadamente) – como se a "vida" fosse uma noção sem dignidade científica ou filosófica (nunca leu Husserl e o "Lebenswelt", não conhece a importância de "Welt", "Umwelt", "weltlich", etc. em Heiddeger e outros) e, sobretudo, como se fosse possível aceder a algo sem arrancar de alguma intuição, emergente na linguagem, nos costumes ou nos hábitos da vida –, rejeita o acesso pelo económico e conclui a p. 21: "É preferível partir dos dados jurídicos, percorrer os terrenos do direito" (ainda que estranhamente deixe a fresta ao extra e ao metajurídico "quando no Direito (**maxime** na lei) não houver definições formalizadas de empresa"!...). E vai de, a p. 24 ss., começar a sua panorâmica da empresa na lei, insistindo no art. 230.° do Código Comercial e congéneres, sem que chegue a nada de preciso ou de diferente daquilo que vem sendo dito. Define-se a empresa pelo escopo (tipo de acto), mas coadjuva-se isso com um elemento organizatório que não se dilucida nem justifica e, se necessário, com a minha ideia de direito das zonas preferenciais da economia, mas tão gratuita e evanescentemente como tudo o mais. Enfim, era esperável que da teoria da empresa resultasse algo de útil para a superação da velha controvérsia sobre o art. 2..°, ou os arts. 13.° e 230.° do Código Comercial, mas, ao invés, é da velha e estéril controvérsia sobre essas normas que o A. tenta erguer a sua ideia de estabelecimento mercantil! E o mais impressionante é que o A. reconhece a sua inutilidade: diz a p. 41 – "Além de comercial, a empresa mercantil é ... empresa. É pois necessário saber em que consiste esta ...". E aqui há algo de inesperado que, se eu fosse um sujeito sensível, poderia ser escandaloso. O A. argumenta com as intuições do comércio que eu recolho em **Critério e estrutura** no fim do 2.° capítulo, ao fim de 678 págs. de investigação, sem uma palavra para o esforço metodológico e para a verdadeira revolução copernicana (digo-o sem filáucia) que nele se incorpora, como se fosse algo de óbvio (nem o citar-me adianta nada em cortezia, nem em justiça, pois as citações são só sobre coisas de somenos), de já dito ou explorado antes de eu o fazer. E a coisa chega ao desplante de citar a minha opinião (n. 115) como "um discurso paralelo"!, concordante com o exposto (quem concorda com quem?). Refere-me em nota, mas como alguém que bebeu ou partilha o pensamento de outros. Mesmo nas críticas, repete-as ou glosa-as, como se o fizesse **ab ovo.** E diz coisas incorrectas: há aviamento logo que há valores de organização. Não percebe nem dilucida o valor de acreditamento diferencial. A crítica ao agregacionismo, organicismo e imaterialismo desconhece o que escrevi no começo do Capítulo 3.° do **Critério e estrutura.** Refere a lei tendencial que eu distingo, mas não parece percebê-la: os seus limites (v. g., à partida) são ignorados. E como aquele valor – expressão económica do valor de posição no mercado – é o sinal distintivo, do meu ponto de vista, do estabelecimento como objecto de negócios, não resolve nenhuma das questões que a fronteira deste com o pré, o pós e o infra-estabelecimento, suscita ao julgador. Em especial, os problemas do confronto com o não estabelecimento quando o que se aliena não é o complexo funcionante, ou o todo objectivo do estabelecimento funcionante; ou o do estabelecimento franqueado; ou as filiais ou sucursais, etc. Já não falo do trespasse parcial ou locação parcial – ou do estabelecimento subcontratado. Coutinho de Abreu, p. 68 ss., trata da velha questão da natureza jurídica do estabelecimento – e nem aqui reconhece a nuclearidade que o meu **Critério e estrutura** coenvolve. Diz que em Portugal se adiantou alguma coisa desde 1958 (data da súmula de Vanzetti) – mas mesmo aí me mistura com o Prof. Ferrer Correia, como se eu não tivesse título algum para qualquer espécie de pioneirismo … Em suma, se eu fosse malévolo ou pusesse na fama que mereço o meu tesouro, diria que Coutinho de Abreu não me dá a morte jurídica, mas deixa antever um voto de anulação ou **Vernichtung** científica. Se eu sofresse de paranóia edipiana, falaria da morte do pai. Achando que o tema está superado, volta o A. a ele, a seguir, a propósito da "unidade jurídica" do estabelecimento, imergindo a fundo na questão das universalidades, onde, com é lógico, desconhece totalmente o que eu digo e defendo desde **Critério e estrutura** até à **Teoria geral do Direito civil.** Como desconhece o que digo sobre o modo da entrega, como tudo aquilo em que a minha opinião pode ter tido qualquer influxo na literatura nacional (até na distinção entre "Verpflichtungsgeschäft" e "Erfüllungsgeschäft" da doutrina alemã dos Direitos Reais desde Savigny – como explico longamente em **Teixeira de Freitas e a unificação do direito privado –,** ignora o que digo longamente no **Direito das Coisas).** Forte teima! E o mesmo continua na oposição a seguir às empresas agrícolas, artesanais e profissões liberais. E já não falo da sua falta de capacidade para distinguir o artesão isolado do empresário, porque se esquece (ou rejeita) tudo o que digo na noção pré-jurídica de empresa. Até para as chamadas "clientelas civis" a sua alergia leva-o a ignorar totalmente o que digo na n.59.

No capítulo III, sobre as empresas nos "sectores de propriedade", é estranho que Coutinho de Abreu, que foi assistente da minha cadeira de Direito das Empresas, não dê o mínimo traço meu na distinção de sectores e subsectores das empresas do art. 89.º da C R P. primitiva e mesmo depois da primeira revisão. Cita-se a si próprio, mas do meu ensino nem uma linha. O A. não me anula. Dá-me piedosamente o golpe de misericórdia. O que não evita os erros em que cai, como o de que a posse causal pode incidir sobre direitos de crédito (n. 268). Aliás, a distinção entre EIRL e o respectivo estabelecimento não é clara (na sua lógica, os estabelecimentos sociais deveriam ser todos patrimónios separados ...), como a sua compreensão da sociedade unipessoal e da sua relação com o estabelecimento, está longe de ser líquida. Aliás, em quanto monta às empresas de capitais públicos, no todo ou em parte, como às empresas cooperativas, como às empresas em autogestão ou gestão comunitária, posto continue muito atento ao problema do fim (no fundo, tem sempre subjacente uma noção teleológica de empresa, que é tributária do século XIX, da teoria dos actos de comércio do Código Francês, etc.), não consegue eficazmente distingui-lo do fim de lucro (distinção entre rédito empresarial e lucro), como não chega a uma visão correcta de posse útil na relação empresa – bem privado que aquela utilize, etc.. Embora esse campo seja o mais caro a Coutinho de Abreu, pois aquele teleologismo já marca a sua tese de pós-graduação. Só que a relação entre lógica empresarial e lógicas intrusas não chega a pôr-se ao seu espírito. Pelo contrário, o que escreve sobre a relação sociedade – empresa é do melhor e mais lúcido deste trabalho. O mesmo se diga sobre o interesse social e temas anexos. E acrescento também o que escreve sobre os grupos de empresas, em que prevalece um sadio realismo, uma indiscutível lucidez desmitificante, que é o melhor do A. quando não discorre sobre temas já muito trilhados (tem um pavor doentio à contaminação de poeiras …). Mas sinto, mesmo aí, que poderia ser-lhe de muito arrimo a minha reflexão para o urgente estudo da empresa em direito europeu da concorrência, que tanto tarda a fazer-se.

No Capítulo V, o A. trata do conceito unitário de empresa – de saber se é ou não possível um conceito de empresa **in genere.** Então é que declara que "não pode deixar-se de atender ao pensamento de O. de C."! Podia pelos vistos, na doutrina portuguesa ou outra, deixar de atender-se em tudo o mais – mesmo na empresa como objecto de negócios, embora eu tenha reformulado o problema e ensaiado a busca de sinais do tráfico que Coutinho de Abreu **pari passu** perfilha –, mas acolá é que não. O que não é verdade. Primeiro, porque desde a introdução do **Critério** e **estrutura** até ao fim, e, sobretudo, a p. 758 ss., na crítica ao legalismo ou juridicismo legalista, sempre combati a ideia de que o conceito de empresa, em qualquer ordenamento, há-de ser único e universal. Segundo, porque o meu conceito de empresa **in genere,** de 1977, teve uma função apenas sistemática e explicativa, e, nesses termos, o A. aceita-o na p. 304 ss.. De resto, foi sempre muito mais entusiasta dele do que eu próprio, que continuo a defender que um conceito juridicamente produtivo há-de emergir dos problemas ou casos vertentes, dos conflitos de interesses, e isso eu não o fiz então até hoje senão para o objecto de negócios. Aquilo de que o A. não gosta é da minha noção pré-jurídica, que ele diz pró-jurídica, como se fosse talhada para obter certos fins, num círculo vicioso tão comum entre juristas. E por isso é que argumenta que a empresa **in genere,** que ele transforma na noção pré-jurídica (quando eu nunca o fiz), não serve, provando-o com o direito do trabalho e o direito europeu da concorrência. Quanto a este, sempre o entendi como alheio a qualquer rigor jurídico--conceitual, obedecendo a uma lógica repressiva considerada oportuna segundo as circunstâncias. Fui professor de Direito Comunitário das Empresas e preocupei-me na dilucidação desse tema. Não é a subjectivação, que tanto impressiona Coutinho de Abreu, o que me impressiona a mim. A empresa pública s.s., ou seja, que não é sociedade, é empresa e é sujeito, o que não significa que essa união hipostática prejudique ou confunda as duas naturezas. Mas a transformação de um cantor de ópera em empresa confunde gravemente as coisas e não se vê que esteja de acordo com a liberdade de iniciativa e actuação artística. As chamadas empresas virtuais ou potenciais por maioria de razão. Só que, de qualquer modo, nunca defendi que a minha noção pré-jurídica valha **urbi et orbi.** Em parte nenhuma. Vale para o Direito Comercial português – e nada mais. Quanto ao direito do trabalho, eu defendi e escrevi que, se é o princípio enérgico dele, não é a empresa a sua unidade de aplicação mínima, mas antes a **organização de trabalho dependente,** noção que não criei quando escrevi o meu texto de 1990, pois já a considerava desde o **Critério e estrutura** ao falar das organizações infra ou supra-empresariais. O A. insiste no seu conceito de empresa em direito do trabalho (p. 296), conceito que é, na verdade, tautológico, como diz Bernardo Xavier, mas que o A. acha muito útil para distinguir os trabalhadores **jure laboris** dos trabalhadores **jure publico.** Só que como explica a imposição a certos trabalhadores **jure publico** – até a polícias, etc. – institutos de direito do trabalho – e não aos directores das sociedades anónimas? Note-se que na (n. 792) p. 301, o A.

dá à empresa em s. s. o mesmo alcance que pessoa do empresário e nunca (salvo, entre nós, F. OLAVO) se fez essa confusão. A empresa s.s. é uma ideia muito útil – mas o A. parece não saber onde e como .... Refira-se, por fim, que, a p. 304 s.s., o A., talvez por nostalgia, admite um "direito das empresas" com as empresas como objecto, mas, parece, sem nenhuma noção condutora, uma espécie de sistema do insistematizável, segundo defendeu atrás.

No Capítulo VI e último, o A., tão pessimista sobre uma ideia de empresa, trata de três temas centrais do direito das empresas como objecto negociável. A primeira é sobre a locação de estabelecimento, sobretudo o tema da desnecessidade de autorização do senhorio do prédio e o tema das consequências da não notificação da locação ao senhorio. O A. reproduz **ipsis verbis,** diríamos, o que eu ensinava em Direito das Empresas até 1989, em Direito Comercial II desde 1989 a 1993 e em Direito Comercial I de então para cá. Já não falando nos cursos de pós-graduação que dediquei à negociação do estabelecimento em anos repetidos – e que deram origem a **papers** que, frequentes vezes, por não atribuírem o seu a seu dono, eu deixei de propiciar desde 1993, voltando ao Direito das Patentes. Ora o Sr. Coutinho de Abreu, assistente de Direito das Empresas, inspira-se, **pari passu,** no meu ensino e não dá notícia disso. Dá ideia de que descobriu as soluções: até a aplicação **a fortiori, a maiore ad minus,** do art. 115.º do RAU, não é atribuída ao seu autor. Valha-me Deus! Que rendeiro fiel! Haveria que lembrar o **Tu quoque** do massacre de César. O que mete de sua lavra, como na interpretação enunciativa (p. 312), é erróneo: no argumento **a maiore** há uma redução teleológica, não uma enunciação. De contrário, o efeito da cessão da posição contratual não autorizada viria a impor-se ... De resto, mesmo a crítica à presunção **juris tantum** das al.s do art. 115.º, fi-la eu sempre no meu ensino. O A. (n. 826) diz que fui "quem mais desenvolveu" a ideia do sentido das alíneas do ex-art. 1118.º do Código Civil e actual art. 115.º do RAU. Não desenvolvi, Sr. Abreu, criei-a – e nem o Sr. nem ninguém o pode desconhecer. O segundo tema do A. é o dos **shopping centers.** As soluções que defende são correctas, mas a falta de critérios é absoluta. Como o A. desconhece qual é a **differentia specifica** do estabelecimento como objecto, não consegue convencer. Aliás, há que não esquecer o fenómeno de organizações supra--empresariais, **Zuordnungen** de estabelecimentos, e, nessas hipóteses, a empresa dominante pode conter empresas dominadas e a cedência destas ser uma verdadeira cessão ou locação de estabelecimento. Por outro lado, trata com displicência a tese do contrato misto, quando o regime deste não é sempre e só a combinação de Hoeniger e De Gennaro, e a teoria da aplicação analógica de Schreiber não deixa de ter algum sentido. O Prof. Galvão Teles tem alguma razão. O 3.º tema é o do trespasse e da inclusão dos imóveis, em princípio, no chamado âmbito natural. O A. julga talvez que a não inclusão automática que eu defendo – e hoje não só para os direitos reais sobre imóveis, mas ainda para outros valores: firma, patente, marca – é um capricho ou um francesismo (por ser comum na teoria do **fonds de commerce),** esquecendo as poderosíssimas razões que levam à sua exclusão: relevo da propriedade imóvel (a nossa lei nem admite imóveis como coisas acessórias ou partes integrantes), regras registais, regras fiscais, etc. O A. cita a nota de p. 481 do **Critério e estrutura,** mas não tem os cuidados que eu lá refiro com muitos pormenores. Claro que, apesar de ter de ser pactuada a inclusão dos direitos reais, ela pode ser implícita. O que nunca é é automática ou valer na dúvida. Aliás, o A. não conhece o meu direito de disponibilidade simples, como se eu o defendesse só quando o imóvel pertence ao âmbito necessário ou mínimo. Não é verdade. Na locação, defendo desde sempre que o direito que o locatário tem, como não é de cessão da posição contratual, é de disponibilidade simples – seja ou não o imóvel elemento do âmbito necessário ou mínimo. E raramente o é. Pode ser um elemento funcionalmente importante, e é-o nos estabelecimentos absoluta ou relativamente vinculados.

Só que nos hotéis panorâmicos, até a paisagem é funcionalmente transcendente.

Enfim, o A., além da doença mental que me pretenderia criar, renovando um drama que já tive em direito das coisas com um assistente infiel – e que supri com a memória de sucessivas gerações –, esqueceu-se aqui de que há aulas gravadas que correm entre os alunos há vários anos, revelando uma ligeireza e uma fria determinação que é mais do que descuido intencional de valores. Tem um comportamento que tem nome e já foi cunhado há muito na vida científica. Aliás, é muito sensível quando vítima dele, como revelou recentemente em ordem a um colega da Escola. Quase que pedia procedimentos disciplinares. Eu peço-lhe apenas que se emende, que se contenha, que busque a "porta estreita" que é a "voie royale" do saber.

Legalista embora, conhece e dilucida o emaranhado das leis. Vá por aí. Só isso salva o seu **honeste vivere** de jurista. E fuja quanto possa do ouropel, da pena de pavão, da solução fácil e fútil. Tem fibra para no seu estilo, que não é o meu, no seu método, que é o oposto ao meu, conseguir um autêntico e legítimo bom nome. Não me chame Mestre, porque, como tenta mostrar continuamente, nunca lhe ensinei coisa nenhuma. Não faça de eu ter vindo antes – e decerto morrido antes – um drama na sua e na minha história.

Coimbra, 8 de Outubro de 1996
ORLANDO DE CARVALHO